AF305645

UN PROCÈS CRIMINEL

SOUS CHARLES VI

AIMERIGOT MARCHEZ AU CHATELET DE PARIS

(JUILLET 1392)

PAR

Maurice CHANSON

CLERMONT-FERRAND

TYPOGRAPHIE ET LITHOGRAPHIE G. MONT-LOUIS

Rue Barbançou, 2

1888

UN PROCÈS CRIMINEL

SOUS CHARLES VI

——

AIMERIGOT MARCHEZ AU CHATELET DE PARIS

(Juillet 1392)

PAR

Maurice CHANSON

————

CLERMONT-FERRAND

TYPOGRAPHIE ET LITHOGRAPHIE G. MONT-LOUIS

Rue Barbançon. 2

1888

PROCÈS CRIMINEL SOUS CHARLES VI

AIMERIGOT MARCHEZ AU CHATELET DE PARIS

(Juillet 1392)

« Parcere subjectis et debellare superbos. »

Le 12 juillet 1392, en exécution d'un arrêt du Châtelet, une tête roulait sur un échafaud dressé en la place des Halles. Aussitôt après, toujours en vertu du même arrêt, les membres du supplicié étaient attachés à « quatre des portes souveraines » de la ville de Paris, et le corps pendu aux fourches patibulaires de Montfaucon.

Le condamné frappé par la justice royale avait nom Aimerigot Marchez, fils d'Aimerie (1), seigneur de Chalus, Marchés et de Noblac, et de Marguerite d'Ussel.

(1) Marguerite d'Ussel était fille de Guillaume d'Ussel, seigneur de Chaslus-les-Pailloux, commune de Saint-Exupéry (le *Saint-Soupery* de Froissart), canton d'Ussel, et de Lagarde-Guillotin, commune de Merlines, canton d'Eygurande, fils lui-même de « noble et puissant homme » Hugues et d'Antoinette de Montfaucon. (Cf. Nadaud, *Nobiliaire du Diocèse et de la Généralité de Limoges*, t. III, p. 185; Legros, *Mémoire manuscrit pour l'Histoire des abbayes du Limousin, p. 502*)

L'éditeur des Registres du Châtelet consacre à la famille d'Aimerigot Marchez la note ci-après :

« Aimery Marchez ou de Marchetz était chevalier. Il avait soutenu la cause du roi Jean dans les guerres qui ensanglantèrent le midi de la France au commencement de son règne. Trois quittances, datées des 7 mars 1353, 1354, 15 mai et 15 septembre 1354, constatent la part qu'il a prise à ces guerres. C'est à ce titre qu'il reconnaît avoir reçu son prêt sur ses gages, la somme de quarante-cinq livres tournois, de Jean Chauvel, trésorier des guerres; avec deux cents écuyers de sa compagnie qui ont servi

Avant de recevoir le coup fatal, il avait entendu la lecture de la sentence capitale, intervenue, nous dit Froissart, à raison de « ses besongnes d'Auvergne. » C'était, en effet, dans notre province d'Auvergne que Mérigot (c'est ainsi qu'on le désignait) avait commis la série de pillages et de rapines qui attiraient sur sa tête l'expiation suprême.

Les « besongnes d'Auvergne », Froissart les raconte en divers passages de ses *Chroniques.*

Le récit de la prise du château de Mercœur et de celui de la Roche-Vendeix, aux bords de la Dordogne, près de La Bourboule, a été à diverses reprises analysé par les écrivains qui se sont occupés de l'Histoire d'Auvergne.

Il est dès lors suffisamment connu de ceux qui liront ces lignes.

La Société des Bibliophiles de France a eu l'heureuse idée de publier les *Registres du Châtelet de Paris.* Elle nous a donné ainsi, avec toute la procédure de l'information suivie contre Aimerigot Marchez, le moyen de compléter, de contrôler le récit du vieux chroniqueur du xive siècle, et en même temps de voir comment on instruisait et comment on jugeait alors ce que nous appellerions aujourd'hui une cause célèbre.

---

avec lui dans le Limousin et le Périgord, sous le gouvernement de Reynaud de Pons, sire de Montfort, chevalier, capitaine pour le roi ès-dits pays et ès-lieux circonvoisins outre la Dordogne. La seconde de ces pièces est scellée d'un sceau rond de cire rouge, dont l'écu est *chargé de six billettes posées* 3, 2 *et* 1, *accompagnées de quatre pals en chef.* Par des lettres données à Arras au mois de juin 1340, Philippe VI ratifiait l'autorisation qui avait été donnée par les procureurs du roi en Limousin à Aimery Marchez d'établir un étang sur ses terres et de changer la direction d'une route pour l'établissement dudit étang.

» Voici les titres sous lesquels il se trouve désigné dans cette confirmation : « Noble homme et puissant seigneur Aimery Marchez, chevalier, seigneur en partie de Chalus, Marchez et Nouailhac. » (Bibl. nat., cab. des titres, 1re série des Originaux, dossier Marchés et Arch. nat., J.-J. 71, pièce 413, fo 294 verso et 295 recto.)

» Il est encore désigné comme chevalier dans divers titres des années 1354, 1357 et 1362, extraits des Archives du Limousin. » (D. Villevieille, *Trésor généalogique,* t. xxix, fo 139, fo 140 vo et ro, cab. des titres, 136.)

I

Une trève venait d'être conclue entre les rois de France et d'Angleterre, et des commissaires avaient été désignés par chacune des parties contractantes à l'effet de veiller à l'observation du traité. Ce n'était point chose facile, tant s'en faut. Les armées belligérantes comptaient dans leurs rangs des « bandes de pillars et robœurs », vivant de la guerre et par la guerre, auxquels la paix enlevait cette source de plantureuses jouissances. On essaya d'en débarrasser le pays en les envoyant guerroyer en Afrique, sur les côtes barbaresques infestées par les pirates; expédition qui fut dirigée par Jean, comte d'Auvergne, et le dauphin d'Auvergne Beraud II. Mais tous les chefs de compagnie ne purent ou ne voulurent quitter la France, et, parmi ceux qui restèrent, un des plus hardis « en tous fais d'armes… soubtil et appert pour embler et eschieller forteresses » était certainement Aimerigot Marchez.

Depuis dix ans il avait promené ses bandes en Auvergne, en Rouergue et en Limousin. Dans la Haute-Auvergne, le château d'Aleuse, aux environs de Saint-Flour ; dans le bas-pays, celui de Mercœur (1), étaient tombés entre

(1) Mercœur, canton d'Ardes-sur-Couze, arrondissement d'Issoire, était la capitale du duché de ce nom.

La prise de Mercœur a fait l'objet d'une lettre de rémission accordée par Charles VI à Louis de Flagheac. (Cf. Dom Vaissete, *Histoire générale de Languedoc*, t. IX, p. 1730, et Aug. Chassaing, *Spicilegium Brivatense*, nᵒ 449.)

Mercœur appartenait alors au dauphin d'Auvergne Beraud II, le « gentil comte daulphin », protecteur de Froissart.

Beraud II, fils de Beraud Iᵉʳ et de Marie de Villemur, surnommé le comte Camus, épousa successivement Jeanne de Forez et Marguerite de Sancerre, et mourut le 27 janvier 1399.

Sa fille Anne épousa, en 1371, Louis II, duc de Bourbon, fils de Pierre Iᵉʳ et de Isabeau de Valois, ce prince chevaleresque dont la devise *Espérance* a inspiré à M. le duc d'Aumale l'éloquente péroraison de son discours de réception à l'Académie française, le 3 avril 1873 :

« A une époque de découragement, sous un ciel sombre, au milieu de ce triste XVᵉ siècle, âge de fer et de sang qui n'était plus le moyen-âge et qui n'était pas le temps

ses mains. Ses partisans pillaient la contrée, chevauchant à l'aventure, heureux quand ils pouvaient « trouver sur les champs ung riche abbé ou ung riche prieur ou ung riche marchant, ou une route de mullets de Montpellier, de Narbonne, de Limous, de Fouges, de Bessiers, de Carcassonne ou de Thoulouse, chargiés de drap d'or ou de soye, de Bruxelle ou de Moustier-Viller, et de pelleteries venant des foires du Lendit ou d'ailleurs, ou d'épicerie venant de Bruges, ou d'autres marchandises venant de Damas ou d'Alexandrie. »

Une fois la paix conclue, il fallait renoncer à cette vie d'aventures, à ces profits de tout genre. C'était trop demander à Aimerigot et à ses compagnons. Ceux-ci se rallièrent en grand nombre autour de leur capitaine, et s'emparèrent par surprise du château de la Roche-Vendeix, mal gardé et mal entretenu, appartenant à la maison de La Tour d'Auvergne (1). Ils le fortifièrent, le remplirent de vivres et de munitions de toutes sortes, et de là se répandirent dans tous les environs, en dépit de la trève et des ordres des rois de France et d'Angleterre. Ils faisaient des prisonniers sur tous les chemins, s'emparaient

moderne, et qui n'était plus ce poétique moyen-âge cher à **M.** de Montalembert ; quand la croix disparaissait des rives du Bosphore, quand le roi de France, fou et détrôné, était remplacé dans Paris par un prince étranger ; quand tous les fléaux, toutes les guerres dévastaient notre pays, au temps de l'invasion anglaise, de la peste noire et des Grandes Compagnies, un de mes aïeux, un cadet de race royale, donna pour cri de ralliement à ses compaguons ce seul mot : *Espérance !* Montalembert aussi espéra toujours. Il n'a pas connu nos suprèmes douleurs. Ses derniers jours ont été agités par les inquiétudes qu'il éprouvait pour la paix de l'Eglise ; mais la fermeté de sa foi le rassurait, il ne craignait rien pour l'unité catholique, et il est mort sans savoir que c'était l'unité de la patrie qui, hélas ! allait être frappée. S'il avait survécu à notre malheur, il se serait souvenu de saint Benoît et du moine de Subiaco, et je crois l'entendre dire : « Ramasse le tronçon de ton épée brisée, pauvre France, panse tes blessures, travaille et prends courage ! *Labora et noli contristari.* » Et de sa puissante voix, qui, même altérée par la souffrance, aurait un bien autre retentissement que la mienne, il répèterait le cri que Bourbon poussait au lendemain d'Azincourt, le cri chrétien et français : *Espérance !* »

(1) Le château de la Roche-Vendeix appartenait à la maison de La Tour, dont la *Revue d'Auvergne* publie l'intéressante histoire sous ce titre : *La Baronnie de*

des vins, des blés, de tout ce qui tombait sous leur passage, et « riens n'estoit qui ne leur vinst à point, s'il n'estoit trop hault ou trop parfont. »

« Les pays de là environ, ajoute Froissart, et les bonnes gens qui cuidoient estre en paix et en repos parmi la triève qui estoit donnée entre les roys et les royaulmes se commencèrent à esbahir, car ces pillars et robeours les prendoient en leurs maisons et partout où ils les povaient trouver, aux champs et aux labourages. »

Les plaintes des populations arrivèrent au roi Charles VI et au duc de Berry, et des ordres furent donnés à messire Robert de Béthune, vicomte de Meaux (1), chargé de conduire en Auvergne une petite armée et de faire cesser les exploits d'Aimerigot Marchez et de sa bande.

Le vicomte de Meaux réunit en la ville de Chartres quelques compagnies royales de la Picardie et de l'Ile-de-France ; il gagna promptement le Bourbonnais et l'Auvergne, par Saint-Pourçain, Gannat, Riom et Clermont. Ses troupes et celles fournies par la province d'Auvergne arrivèrent à Orcival et vinrent mettre le siège devant le château de la Roche-Vendeix.

Aimerigot Marchez ne tarda pas à comprendre que la lutte n'était pas égale entre ses bandes de pillards et l'armée royale. Il avait cru pouvoir compter sur le concours

---

La Tour d'Auvergne, par H. Burin des Roziers, conseiller honoraire à la Cour d'appel de Paris.

Le monticule abrupt qui porte aujourd'hui ce nom est situé près de la Dordogne, et figure parmi les excursions recommandées aux baigneurs du Mont-Dore et de La Bourboule.

Bertrand, seigneur de La Tour, troisième du nom, avait acquis, le samedi 3 octobre 1282, le château de Vendat, et la vente, approuvée par acte passé en la Cour du sceau du roi établie en Auvergne, le mardi 20 octobre de la même année, avait été confirmée par une quittance de l'an 1301, émanée de Géraud de Rochefort, vendeur, au profit du seigneur de La Tour. (Baluze, *Histoire de la maison d'Auvergne*, t. I, p. 528, et t. II, p. 296.)

(1) Robert de Béthune, vicomte de Meaux « gentil chevalier Piccars », fils de Jehan et de Jeanne de Coucy, époux de : 1° Jeanne de Châtillon ; 2° Jeanne de Barbançon ; 3° Isabeau de Ghistelles ; — mort en 1408.

de deux de ses compagnons, Olimbarbe et Pierrot le Béarnais, qui commandaient, le premier le château de la Roche-Donnezac (1), l'autre celui de Chalusset ; mais ceux-ci déclarèrent qu'ils observeraient fidèlement la trêve consentie entre les rois de France et d'Angleterre.

Aimerigot résolut d'intéresser à sa cause le roi d'Angleterre, Richard II (2), et son oncle, le duc de Lancastre. Un messager sortit de la Roche-Vendeix, gagna promptement Calais (3) et passa en Angleterre. Le roi et le duc de Lancastre le reçurent et envoyèrent en France un héraut et un écuyer porteurs de lettres adressées au duc de Berry dans le but de lui demander de faire lever le siège de la Roche-Vendeix. Le héraut et l'écuyer vinrent à Clermont et à Issoire et allèrent trouver le duc en son château de Nonette. Le duc s'empressa de céder aux prières de ses cousins d'Angleterre et de transmettre

(1) La Roche-Donnezac (*le fort Chastel d'Ouzac*), aujourd'hui La Roche-Blanche, commune du canton de Veyre-Monton, à 12 kilom. S. S. E. de Clermont.

On n'est pas complètement fixé sur la question de la position du *Calusset* dont parle Froissart.

D'après le récit du vieux chroniqueur, Calusset était situé dans l'évêché de Clermont, et l'on trouve aux environs du Mont-Dore, et par conséquent de la Roche-Vendeix, deux localités du nom de Chalusset.

Aimerigot ne pouvait attendre de secours que d'un compagnon placé à proximité du théâtre de la petite guerre qu'il faisait alors.

Mais quelques historiens du Limousin, et notamment M. Guibert (*Bulletin du Limousin*, xxxiii, 1886, 2e livr.), soutiennent qu'il s'agit, dans le récit de Froissart, de Chalucet situé dans la commune de Boisseuil, canton de Pierre-Buffière, près Limoges.

Cette dernière opinion est partagée par M. Kerwyn de Lettenhowe (*OEuvres* de Froissart, *Table analytique des noms géographiques*, t. xxiv, p. 184 et suiv.).

(2) Le roi d'Angleterre était alors Richard II, fils du *Prince Noir* et petit-fils d'Edouard III. Ce prince était mineur lors de son avènement au trône, en 1377. Son oncle, Jean de Gand, duc de Lancastre, exerça la régence et gouverna en fait sous son nom.

En 1399, il fut détrôné par son cousin, le duc de Hereford, fils de Jean de Gand, et ce dernier régna sous le nom de Henri IV.

(3) Calais, chef-lieu de canton (Pas-de-Calais).

On sait l'importance qu'avait autrefois cette petite ville, prise par Edouard III après la bataille de Crécy, et demeurée aux mains de l'étranger pendant plus de deux siècles. Reprise en 1558 par le duc François de Guise, elle fut rendue à la France par la reine

au vicomte de Meaux l'ordre que lui demandait le roi Richard II. Mais Robert de Béthune n'en tint nul compte, et, fidèle aux seuls ordres du roi Charles VI, continua les opérations du siège.

Aimerigot, se voyant perdu, parvint à sortir seul du château assiégé, y laissant en son lieu et place son oncle, Hugues d'Ussel (1), auquel il recommanda d'attendre, sans faire de sortie, les secours qu'il allait chercher. Mais celui-ci méconnut les prudentes recommandations de son neveu. Il fit une sortie, promptement repoussée par l'armée assiégeante, et celle-ci entra aussitôt en la forteresse de la Roche-Vendeix.

A cette nouvelle, Marchez comprit que tout espoir était perdu pour lui, qu'il lui serait impossible de traverser les provinces occupées par les armées françaises et de se réfugier en Angleterre. Il se rendit au château de Tournemire, près d'Aurillac, et y demanda asile : mais le châtelain, désireux de rentrer en grâce auprès du roi et du duc de Berry, s'empressa de le livrer aux autorités royales (2).

d'Angleterre Marie Tudor, femme de Philippe II, roi d'Espagne. Cette infortunée princesse disait que si l'on ouvrait son cœur après sa mort, on y trouverait écrit le nom de Calais.

Depuis quelques années, une nouvelle cité industrielle s'est élevée près de Calais et a reçu le nom de Saint-Pierre.

Les deux cités ont été réunies en une seule et même commune en vertu d'une loi votée en 1886.

Le projet du Gouvernement, adopté sans débat à la Chambre des députés, portait que la nouvelle agglomération porterait le nom de *Saint-Pierre-les-Calais*. Mais le Sénat vota un amendement de M. de Gavardie, éloquemment défendu par son auteur, et la nouvelle commune s'est appelée *Calais-Saint-Pierre*.

On doit savoir gré à ceux qui ont fait prévaloir cette appellation d'avoir conservé le nom de Calais, qui eût peut-être disparu quelque jour.

(1) Hugues d'Ussel, le « Guyot du Seel » de Froissart. oncle maternel d'Aimerigot.

(2) La remise d'Aimerigot par Tournemire fut loin d'être gratuite, comme le raconte Froissart.

Jean de Blaisi souscrivit tant en son nom qu'en celui du roi, au profit de Jean de Tournemire, une obligation de la somme de 4,500 livres : *Pro ratione traditionis et deliberationis Merigot Marchès*; ladite obligation, non encore soldée le 5 août

L'arrestation d'Aimerigot Marchez causa une grande joie dans tout le pays et à la cour de Charles VI.

Ce prince écrivit aussitôt au comte d'Armagnac qui commandait les armées royales en Auvergne :

« Très cher et très féal cousin, pour ce que naguères nous fut rapporté que Jean Tornemire , chevalier, avait pris Mérigot - Marchez , écrivîmes hâtivement à icelui chevalier que ledit Mérigot-Marchez il nous envoyât, sur quoi il nous a rescrit que ledit Mérigot il a pris par votre commandement et paravant la reception de nos lettres l'avait baillié à un chevalier qui de par vous et en votre nom l'était venu quérir devers lui si comme plus à plein est contenu ès-lettres dudit chevalier, lesquelles vous envoyons ci-encloses, en vous priant et requérant sur tout le plaisir que nous voudrés faire , et neantmoins mandons à cestes que ledit Mérigot vous nous envoyez incontinent ces lettres vues, en bonne et seure compagnie, et garde sachant que nous en ferons à vous et ailleurs, telle récompensation qu'il devra suffire. Si gardez en toutes manières qu'en ce, n'y ait aucun défaut ou délai (1). »

Marchez avait été remis par Jean de Tournemire au chevalier Jean de Blaisi, commissaire extraordinaire du roi, chargé de négocier moyennant finances l'évacuation des places fortes occupées par les bandes anglaises.

Jean de Blaisi s'était dessaisi de son prisonnier aux

1395, date d'une sommation faite à Jean de Blaisy, à la requête de Tournemire (*Histoire manuscrite d'Auvergne*, par Teillard, curé de Virargues, p. 187).

Dans le récit de Froissart, Tournemire est qualifié cousin de Marchez. Le prisonnier ne parle nullement de cette parenté dans son interrogatoire.

(1) Archives de Rodez.

Cf. *Dictionnaire statistique et historique du Cantal* , t. IV, p. 457, art. *Tournemire*.

La lettre de Charles VI (orthographe modernisée) est reproduite dans le tome III des *Mémoires pour servir à l'histoire du Rouergue.*

Ces divers documents nous ont été communiqués par M. A. Vernière , avocat à Brioude, dont le concours nous a été bien précieux pour cet essai comme pour les précédents.

mains de Pons de Langeac (1), sénéchal d'Auvergne, et ce dernier conformément aux ordres du roi l'avait conduit à Paris, où il était arrivé le 5 juin 1392 (2).

Aussitôt arrivé à Paris, le prisonnier fut incarcéré à la Bastille et l'instruction de son procès commença à la requête du prévôt de Paris.

Le 9 juillet, Aimerigot, confié à la garde de Jean La Personne, vicomte d'Acy, fut extrait de la Bastille et conduit à la prison du Châtelet de Paris, où deux sergents eurent ordre de le tenir au secret.

Pour employer le langage juridique de nos jours, les faits relevés contre le prisonnier arrêté à Tournemire constituaient des crimes de droit commun, et à ce titre leur auteur eût été justiciable des juridictions de la province sur le territoire desquelles ils avaient été commis. Connexes d'une rébellion à main armée contre l'autorité royale, ils faisaient d'Aimerigot Marchez un criminel d'État, « traître à la couronne de France », comme dit Froissart, et le prisonnier devait être immédiatement mis à la disposition du prévôt de Paris, lequel remplis-

---

(1) Pons de Langeac, d'abord connu sous le nom de Ponchot de Langeac, avant d'être sénéchal d'Auvergne, servait sous le commandement de Guillaume de Neillac, chambellan du roi et son capitaine général en Guienne. C'est ce qui résulte d'une montre reçue à Brioude, le 22 août 1388 (D. Villevieille, *Trésor général.*, t. XVII, fol. 57 v°, cab. des titres, 134).

(2) Le document ci-après fixe la date de l'arrivée à Paris de Marchez :

« Jehan de Blaisy, seigneur de Mauvilly, chevalier, chambellan du roi nostre sire et commissaire d'icelui seigneur sur le fait de la vuide des forteresses occupées par les ennemis du Royaume ès pays de Rouergue, Quercin, Velay, Givaudan et Auvergne, à notre amé clerc Guilaume Cochart, salut : comme par noble homme messire Guy Morel, chevalier, commis à ce de nous eussent été receuz en monstre (passé en revue) soubz noble homme escuier Ponchon de Langheac xxij paies de gens d'armes, lesquels nous ont servi à conduire le corps de Mérigot Marchès dès le xxvij jour de may jusqu'au jour d'huy v° jour de juing qui font x jours, si le mandons que aujourd'huy, iceulx avons cassés de gaiges et dores en avant ne leur faies aucun paiement. Donné soubs nostre scel le v° jour de juing de l'an CCC IIII** et onze.

» Scellé d'un sceau en cire rouge portant une fasce chargée d'une petite croix recroisetée et accompagnée de six coquilles posées trois en chef et trois en pointe. »

(Original au cabinet des titres de la Bibliothèque nationale.)

sait auprès du Châtelet de cette ville les fonctions exercées aujourd'hui par le chef du parquet de la Seine.

II.

« Le Châtelet de Paris, dit M. Desmaze (1), était une
juridiction royale inférieure, de la même classe que les
autres prévôtés; mais il siégeait dans la capitale même,
recevait les appels des différentes châtellenies de la vicomté et ressortissait *nûment* du Parlement... Dans
quelques villes, à Paris, à Orléans, à Montpellier, à Melun, les justices s'abritèrent toujours dans les châteauxforts. Elles n'avaient avec les châtellenies rien de commun que le lieu même où elles siégeaient et d'où elles
prirent souvent leur nom. A Paris, le château-fort où la
justice municipale tenait ses séances, était situé à l'extrémité du pont joignant la Cité à la rive opposée. C'était,
dans l'origine, une tour bâtie, après la conquête des
Gaules, par Jules César, pour la défense de Lutèce. Il y
avait là deux forts, le *grand* et le *petit Châtelet*. La justice de Paris se tenait dans le *grand Châtelet*...

» Le Châtelet s'élevait sur le terrain même encore aujourd'hui appelé *Place du Châtelet*. Il existait déjà lors
du siège de Paris par les Normands en 884. Souvent modifié, presque entièrement reconstruit à l'intérieur en
1506, 1537, 1544 et 1684, le Châtelet se composait de
trois tourelles reliées par des constructions de diverses
époques. Deux de ces tourelles en pendentif d'inégale grosseur, protégeaient les deux côtés d'une voûte qui donnait
accès dans la ville. Au sommet de l'une des tourelles était
une galerie entourée d'une balustrade en fer et surmontée
d'un toit conique : cette galerie servait aux *gaites* ou
gardes de nuit. La voûte supportait deux étages au milieu desquels était un cadran couronné d'un écusson aux

---

(1) Le *Châtelet de Paris*, par A. Desmaze, conseiller à la Cour d'appel de **Paris**.

armes de France. Une grande statue de la Vierge, tenant le Christ enveloppé dans son manteau, était sculptée sur la clef de voûte et donnait au Châtelet le caractère distinctif des autres portes de Paris (Sauval, *Antiquités de Paris*, t. Ier, p. 31)...

» Le Châtelet était donc la justice ordinaire de la ville, prévôté et vicomté de Paris. La justice s'y rendait au nom du prévôt de Paris qui est d'épée; toutes les sentences de cette juridiction et tous les actes des notaires sont intitulés en son nom. »

Saint Louis et Philippe-le-Bel avaient réglé par diverses ordonnances la compétence et la procédure de ce tribunal.

En matière criminelle, les tribunaux français ont toujours eu, avant comme après la Révolution qui a si profondément modifié le droit criminel encore plus que le droit civil, une tendance à chercher à obtenir l'aveu de l'accusé et à le lui arracher, on peut le dire, *per fas atque nefas*. De là, la question appliquée comme moyen ordinaire d'information. C'est ce qui résulte des procès-verbaux du procès instruit au Châtelet de Paris contre Aimerigot Marchez.

Les dépositions des témoins entendus par les magistrats instructeurs ne nous ont été qu'en partie conservées et sont d'ailleurs d'une assez minime importance en l'espèce. Il en est autrement des interrogatoires du prisonnier.

Comme de nos jours les bandits de la Corse, Marchez et Geoffroy Tête-Noire qui commandait le château de Ventadour, trouvaient dans les populations et chez les autorités du Limousin et de l'Auvergne des complices qui les ravitaillaient, les fournissaient de vivres et de munitions et les tenaient au courant des bons coups qu'il y avait à faire. A Limoges, Aimerigot avait battu monnaie au coin du roi de France, et ce avec la complicité d'un certain nombre de religieux « vestus de drap rousset et d'un scapulaire blanc ». Un prêtre de Rochefort, dit un témoin, rapportait à la Roche-de-Vendeix tout ce que les gens du pays entreprenaient contre le chef de bande (1).

Le premier interrogatoire du prisonnier eut lieu le 10 juillet. Marchez fut conduit « sur les quarreaux du Chastellet… pardevant monseigneur le prévôt (chevalier Jean de Folleville), présens nobles hommes et puissants seigneurs messire Robert de Béthune, chevalier, visconte de Meaux, messire Jehan de Blaisy, chambellan du roy, messire Guillaume le Bouteillier, seneschal de Limosin, et messire Béraut du Bois Rogier, chevalier, maistre Guillaume Pons, conseiller du roi nostre sire en parlement, Dreux d'Ars, lieutenant dudit monseigneur le prévôt, Andrieu le Preux, procureur du roy nostre sire ou dit Chastellet, Girart de la Haye, examinateur illic, et maître Guillaume Cochetart, notaire du roy nostre sire ou baillage de Saint-Pere le Moustier. »… Le dessus dit prisonnier Mérigot Marchès fut interrogé par monseigneur le prévôt sur « sa vie, estat, gouvernement, maintieng, acointances, aliances, féaultés et promesses qu'il avoit faites tant aus François et aucuns François à lui, d'aucun en savoit, comme Englois qu'il avoit en son obéissance, et des machinations que faites avoient contre le bien, honneur et estat du roy nostre sire… et aussi sur toutes choses qui lui seroient demandées, et de celles qu'il sauroit qui pourroient servir au prouffit du dit seigneur, de son dit royaume et de tout le bien public et à la confusion de son adversaire d'Engleterre. »

Conformément à l'usage alors établi, l'accusé prêta sur les saints Évangiles le serment que l'on exige aujourd'hui

(1) Dépositions du bourc *(bâtard)* de Malencontre ; de Bertrandon de Vez, capitaine de Rochefort ; Guillaume Constans, de Pontgibaud ; Pierre Giat, de la Tour ; Johannet, d'Orcival ; Perrotin de Cisternes, de Meymac ; Perrotin de Villevalès ; Jehan Lespicier, consul de Tulles ; Jehan le Mège, de Limoges ; Gérart de Serre, capitaine de Lestranges.

des seuls témoins assignés devant les juridictions criminelles.

L'interrogatoire de l'accusé était le seul moyen à lui accordé de se disculper et de repousser les charges accumulées par l'instruction. Point de défenseur, même d'office.

Marchez, dont les réponses ont été consignées au procès-verbal, se défendit habilement.

Il raconta à ses juges ses origines et ses campagnes, s'étendit sur les entreprises qu'il avait exécutées ou seulement projetées, et finalement jeta par-dessus bord le roi d'Angleterre, et surtout le régent le duc de Lancastre, et donna sur la situation des armées anglaises campées en France des détails qui pouvaient être utilisés par le gouvernement du roi Charles VI.

Né au château de Beaudéduit, à quatre lieues de Limoges, depuis lors détruit, au temps des grandes guerres, époux de Mariette Marchés, sans enfant, Marchez expose que son père, Aimerie, « au temps que par le feu roi Jehan le pays de Limosin fu baillé et livré aux Engleis (1) se tourna et print le parti du roy de France... au quel temps il qui parle estant en aage de ix ans ou environ, fu par son dit feu père baillié en garde à messire Thomas de Roux, chevalier tenant le parti d'iceulx Engleis, et avec lequel il demoura par l'espace de trois ans ou environ. »

Après la mort de messire Gouffier Hélias, chevalier, qui fut son gouverneur après Thomas de Roux, Aimerigot fut confié à un écuyer anglais, Richard de Neuville, lequel le présenta au duc de Lancastre.

Dès ce jour, Marchez était l'homme lige du roi d'Angleterre qu'il a servi fidèlement et loyalement.

On lui a proposé de s'emparer des châteaux de Carlat et

(1) Cette réponse du prisonnier fixe son âge. Le traité de Brétigny, qui livra le Limousin aux Anglais est du 8 mai 1360. Aimerigot, âgé de neuf ans à cette date, avait quarante-deux ans en 1392.

de Montrognon et il n'avait tenu qu'à lui de s'emparer du château de Nonette, appartenant à monseigneur le duc de Berry et assez mal gardé. Il avait jeté son choix sur le château de Ventadour et cherchait le moyen de s'en rendre maître, lorsque Tournemire s'était assuré de sa personne et l'avait remis aux gens du roi.

Les trèves conclues entre les deux royaumes sont, au dire du prisonnier « très dommageables au roy de France et à son royaume, parce que ou pays d'Engleterre a très grant famine, et que durant icelles trèves, les Engleis se sont fort avitaillés des biens creus et estant ou royaume de France, et que aussi plusieurs marchans de France en y ont fait mener très grant quantité et scet ces choses par plusieurs Engleis et François. »

Un an avant son arrestation, Aimerigot avait reçu du duc de Lancastre « certaines lettres closes qui lui furent présentées par messire Richart Credo, chevalier anglais, et contenoient icelles lettres, si comme il se recorde, que il qui parle, se tenist bel et bien ainsi qu'il avoit acoustumé de faire, et se gouvernast et gardast ses forteresses au mieulx qu'il pourroit et sauroit, et que les trèves faillies il passeroit la mer et entreroit ou royaume de France a très-grant puissance, sans aucune faulte. »

Il sait, ajoute-t-il, que « se xij[c] hommes d'armes et iij[e] arbalestriers estoient ou pays de Guyenne et tenoient les champs par un an, ils ne se trouveroient homme nul ou dit pays, par le roy d'Engleterre ou le duc de Lancastre, secours et ayde d'autres gens — *Item*, scet que se le roy de France ou aucuns ses officiers aloient oudit pays de Guienne acompaigniés des dites gens d'armes et arbalestriers, il a oudit pays cent forteresses, que grandes que petites, lesqueles, soubs umbre de ce qu'ils se pourroient excuser par devers les Engleis qu'ils se seroient rendus François, pour la doubte et paour d'iceulx et qu'ils ne destruisissent eulx et leurs biens, se rendroient voulentiers François, sans aucune force ou contraincte leur faire. »

Les populations de la Guyenne, séparées de la France par les derniers revers de ses armées attendent impatiemment l'heure de la délivrance. Le roi d'Angleterre et le régent Lancastre porteront de nouveau la guerre sur le continent. Ils ne redoutent rien tant qu'une invasion des Iles Britanniques.

En ce qui concerne la prise du château de la Roche-de-Vendeix, Aimerigot explique que depuis la trève, il n'avait aucun château où se loger. Créancier d'une forte somme d'argent à lui due par le comte d'Armagnac à raison d'un voyage en Aragon, il s'est emparé du fort de Vendeix pour le retenir comme gage de sa créance et l'a depuis rendu et mis en l'obéissance du roi en le baillant à messires le vicomte de Meaux et Guillaume Le Bouteiller (1).

Le comte d'Armagnac (2) avait fait proposer à Marchez par lettres closes à lui apportées par Quillart de Bessynes, sénéchal du Rouergue, de demeurer son homme et son vassal, serment prêté de le servir contre tous, excepté contre le roi d'Angleterre, avec permission de « faire son prouffit partout là où il porroit et sauroit sauf en sa terre ». Et comme condition du marché, remise était faite audit Aimerigot du château et de la ville de Saint-Geniez, en Rouergue.

Le dire de l'accusé sur ce point est confirmé par un acte publié par Dom Vaissete *(Histoire générale de Languedoc)*, duquel il résulte que le comte d'Armagnac et Marchez eurent d'excellentes relations jusqu'au jour où le comte refusa de payer sa dette.

---

(1) On remarquera que Mérigot donne comme volontaire la remise de la Roche de Vendeix au vicomte de Meaux, sans même la moindre allusion au siège de ce château dont le récit est fait avec tant de détail par Froissart.

(2) L'Armagnac, pays compris dans la Gascogne, forme aujourd'hui le Gers, et partie de Lot-et-Garonne, Tarn-et-Garonne, Haute-Garonne.

Jean III était comte d'Armagnac, de Comminges et de Charolois à l'époque où Marchez commençait ses exploits. En 1391, la mort de Jean III mit le comté aux mains de Bernard VII, comte d'Armagnac, chef de la faction qui prit ce nom.

La fille de Bernard VII épousa Charles d'Orléans, fils du duc Louis d'Orléans.

Après ce premier interrogatoire, Aimerigot Marchez fut ramené en prison et le mardi suivant, 11 juillet, nouvelle comparution devant les juges et le prévôt du Châtelet.

L'accusé renouvela ses aveux, répétant qu'il n'avait pas cru offenser la majesté royale, qu'il avait d'ailleurs espéré que tous ces actes seraient couverts par le traité de paix à intervenir. Il ne fit d'ailleurs nulle difficulté de reconnaître qu'il avait toujours pris et tenu le parti du roi d'Angleterre plutôt que celui du roi de France.

Les juges résolurent de soumettre le prisonnier à la question. On le dépouilla de ses vêtements. « Mis, lyé et estendu à la question de la couste pointe sur le petit tretteau ; et avant ce qu'il feust aucunement tiré, ne jetté eau sur lui, requist instamment que l'on le meist jus d'icelle question et il diroit vérité. Si fu mis hors d'icelle question et deslié ledit Mérigot, prisonnier, du commandement dudit monseigneur le prevost, et après ce qu'il ot esté au feu et se choffé, fu ramené en jugement sur les quarreaux dessus dis ».

Cette fois, il ne fut question ni du roi d'Angleterre, ni de Lancastre, ni du comte d'Armagnac, mais du comte dauphin Beraud II. Un nommé Jehannot Dorlades, familier et serviteur du comte dauphin lui avait plusieurs fois fourni des vivres et des munitions, même depuis la trève. Aimerigot allait chaque année à Ardes au château de Beraud II. Il y buvait avec le châtelain et en échange de ces politesses consentait à ménager la terre et les vassaux du comte dauphin. Moyennant de l'argent et quelques prestations en nature ce pacte avait été conclu et pareille convention stipulée pour la terre de Blesle (1) appartenant à « une dame de religion, parente du dit comte Dalphin. »

Avant ces relations avec Beraud II, Marchez et ses gens,

(1) La dame de religion était Maure ou Mauritia, fille de Robert Dauphin Ier, seigneur de Saint-Ilpize, et d'Almoux de Combronde, et par conséquent tante de Beraud II.

s'étant emparés du château de Mercœur, l'avaient rendu après avoir obtenu une assez belle rançon.

Ainsi se termina l'interrogatoire d'Aimerigot.

Les juges délibérèrent hors la présence de l'accusé. Ils rendirent leur arrêt le même jour, 12 juillet.

Cet arrêt condamnait le prisonnier à la peine de mort, après l'avoir reconnu coupable comme traître au roi de France (1).

Il fut exécuté le lendemain.

« A celle fin vint Aymerigot Marcel, dit Froissart. De luy, de sa femme et de son avoir je ne scay plus avant.... Se Aymerigot euist tourné ses usages et ses argus en bonnes vertus, il estoit bon homme d'armes de fait et d'emprise pour moult valloir, et pour ce que il fit tout le contraire, il en vint à male fin. »

Déjà au XIVe siècle, le pouvoir royal aimait à faire acte d'autorité dans les provinces éloignées de Paris.

Les juges du Châtelet sous Charles VI, comme plus tard ceux des Grands-Jours sous Louis XIV, châtiaient impitoyablement les rebelles, et les frappaient au nom du roi de France.

---

(1) Voici le dispositif de la sentence :

«... Délibérèrent et furent d'oppinion qu'il estoit très fort traitre dudit seigneur (le roi) et de son royaume, et un très fort larron, murdrier et bouteur de feux, et que, comme tel, il avait desservi à estre exécuté solempnelment pour ce qu'il est nobles homs et de noble lignée ; et afin qu'il en soit perpétuel mémoire, et que tous autres y preignent exemple, en la manière qui en suit, c'est assavoir : que icellui Mérigot, prisonnier, soit traîné sur une claye, comme gentilhomme, et, après, assis en hault sur un hais mis au travers des paumeles d'une charrette, et que, à trompes cornans, il soit menés tant ès hales de Paris comme aillieurs, aux notables portes de la ville de Paris, et èsqueles hales icellui Mérigot feust décapité, et la teste mise au bout d'une lance sur l'eschaffaut ; en après les quatre membres d'icellui pendus aux quatre portes d'icelle ville de Paris, et le corps du dit Mérigot pendu à la justice du roy nostre dit seigneur, à Paris. »

Clermont-Ferrand, typographie et lithographie G. Mont-Louis, rue Barbançon, 2.

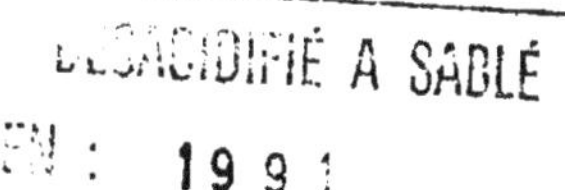

CLERMONT-FERRAND. — IMPRIMERIE MONT-LOUIS, RUE BARBANÇON, 2

www.ingramcontent.com/pod-product-compliance
Ingram Content Group UK Ltd.
Pitfield, Milton Keynes, MK11 3LW, UK
UKHW031715170726
13836UKWH00001B/238

9 782329 498980